TYRANNIE
QUE
LES HOMMES
Ont exercée dans presque tous les Temps & les Pays

CONTRE LES FEMMES
OU
INCONSÉQUENCE DE LEUR CONDUITE

Envers cette belle moitié de l'espèce humaine, &c.

Par M. LAUGIER, Docteur en Médecine de l'Université de Montpellier, Membre de plusieurs Académies, & Professeur du Collége de Marseille, &c.

A LONDRES,

Et se trouve à PARIS

Chez l'Auteur, Cul-de-Sac Saint Dominique, N°. 6, près la Place S. Michel.

M. DCC LXXXVIII.

APPROBATION.

J'AI lu par ordre de Monſeigneur le Garde des Sceaux un Manuſcrit qui a pour titre : *Tyrannie que les Hommes ont exercée dans preſque tous les temps & les pays envers les Femmes*, &c. *par* M. LAUGIER, *Docteur en Médecine*, &c. & je n'ai rien trouvé qui m'ait paru devoir en empêcher l'impreſſion. A Paris, le 25 Avril 1788. *Signé* PAULET.

ACTE RESPECTUEUX
AU BEAU SEXE.

MESDAMES,

QU'IL est doux de pouvoir ſe procurer la gloire,
De defendre vos droits, ſexe aimable & charmant;
Qu'il eſt beau de graver au Temple de Mémoire,
Ce que nous vous devons de bienfaits, d'agrément.

De vous, nous tenons tous, l'exiſtence & la vie,
De vous, nous recevons ce miracle divin;
Par vous, nous reſpirons & goûtons l'harmonie
De ce corps merveilleux, de cet eſprit ſans fin.

Au thrône de l'amour nous avons pris naiſſance;
Votre ſein généreux nous a fait ſubſiſter;
Nous devons à vos ſoins, à votre vigilance,
Tout ce qui peut ſervir à nous faire exiſter.

Dans les bras du ſommeil, vous calmiez nos ſouffrances;
Vous immoliez pour nous des plaiſirs la douceur;
Vous ſaviez appaiſer toutes nos impatiences,
Par le nectar mielleux que filtroit votre cœur.

De ces monts où l'amour fixa sa résidence;
Ce jus miraculeux sortant rapidement,
Assoupissoit nos sens, charmoit la violence
Des maux que nous souffrions, & fut notre aliment.

Ainsi qu'on voit couler aux pieds d'une colline,
Une source d'eau vive où tant de malheureux
Viennent pour se guérir par sa vertu divine,
Par des sucs naturels, salins & sulfureux.

Combien n'a-t-on pas vu des mères expirantes,
S'exposer au danger, (pour sauver leurs enfans)
D'un fleuve engloutissant, des flammes dévorantes,
Préférer de périr, que ces agneaux naissans?

En retour de ces traits, de cette bienfaisance,
Ces fruits de votre hymen deviennent des ingrats;
Ils ravissent vos biens pour toute récompense;
Ils osent en jouir, & n'en rougissent pas.

On vous aime en tous lieux, par-tout on vous adore;
Cependant envers vous on s'y montre en tyran;
On vous respecte, on vous estime, on vous honore;
Malgré tous ces honneurs, en tout on se dément.

Des hommes nos égaux, c'est une inconséquence;
Tel est l'esprit humain dans ses égaremens;
C'est faute de sentir de vos cœurs l'excellence,
Celle de votre esprit & de vos sentimens.

C'eſt faux raiſonnement, abus de connoiſſance,
Délire accidentel de la part des humains;
Jugement perverti qui donne à leur puiſſance,
Plus de droit qu'il ne faut & les rend ſouverains.

Mais, comme il eſt dans tout un milieu juſte & ſage,
Nous croyons qu'étant tous faits du même limon,
Enfans du Créateur, ſon travail, ſon image,
Nous devons partager, ſans nulle diſtinction.

Tels ſont de la raiſon, de la loi naturelle,
Le langage, l'eſprit, & le vrai fondement;
Tout ce qui s'en éloigne eſt une loi cruelle,
Qui nous couvre de honte & d'aviliſſement.

L'homme a beau s'enrichir de titres chimériques,
Abuſer des pouvoirs qu'il prend injuſtement,
Vos charmes détruiront ſes efforts tyranniques,
Et ſauront le punir de ſon aveuglement.

Telle eſt notre opinion envers vous, ſexe aimable,
Notre vraie volonté, pour vous puiſſant vainqueur.
Vous ſerez en tout tems un prodige admirable,
L'auteur de nos beaux jours, l'idole de mon cœur.

AVIS.

La délicateſſe de quelques-unes des Dames déſignées ci-après, leur modeſtie, & la crainte de leur manquer ou de leur déplaire en adreſſant notre épitre plutôt à l'une qu'à l'autre, nous ont déterminé à les renfermer ou comprendre toutes dans celle qu'on voit ci-devant en vers; heureux ſi elle peut être de leur goût; mais comme notre deſſein eſt autant de leur être utile qu'agréable, nous oſons eſpérer qu'elles voudront bien être indulgentes à notre égard & ne nous juger que d'après notre bonne volonté.

A MADAME LA PRINCESSE DE ***

Paris, le 22 Mai 1786.

MADAME,

LA confidération que votre rang, vos talens diftingués & vos qualités perfonnelles vous ont mérité, m'ayant fuggéré le deffein de vous mettre à la tête d'une de mes productions, qui a pour objet votre fexe; je viens vous prier, Madame, de vouloir bien permettre que je vous en faffe un hommage.

La place que vous devez occuper dans la claffe des Savans, & le rang qui vous eft deftiné dans l'hiftoire des Femmes illuftres, me fait prendre la liberté de vous en confacrer une dans mes ouvrages, fi vous daignez en accepter l'offrande.

En attendant que j'aie l'honneur de vous préfenter le fujet dont il s'agit, veuillez bien agréer la brochure ci-incluse, comme un témoignage du cas que je ferois de votre bonne opinion, & comme un sûr garant du respectueux dévouement avec lequel j'ai l'honneur d'être,

MADAME,

Votre très-humble & très-obéissant Serviteur, *L....*

COPIE

De la Réponse de Madame la Princesse de ***

MONSIEUR,

C'EST avec une véritable reconnoissance, que j'ai reçu la Brochure que vous avez eu la bonté de m'adresser & la lettre qui l'accompagnoit. Je suis infiniment sensible à tout ce que vous voulez bien me dire d'obligeant, & à l'offre que vous voulez bien me faire sur la dédicace de l'ouvrage dont vous me parlez. Je n'attribue qu'à votre indulgence, pour mes foibles talens l'honneur que vous voulez bien me faire. J'ai travaillé ſans eſpoir d'être immortelle ; m'en voilà sûre, Monſieur, puiſque vous daignez me conſacrer quelques lignes dans vos ouvrages.

J'ai l'honneur d'être avec la plus parfaite eſtime,

MONSIEUR,

Votre très-humble & très-obéiſſante
Servante, ***

L'Auteur ayant un autre ouvrage à faire paroître, concernant les Femmes, adreſſa la lettre ſuivante à une Dame des plus reſpectables, qui fit la ſeconde Réponſe qu'on verra ci-après.

A MADAME

*La Vicomtesse de ***, Epouse du Duc, Maréchal de ce nom.*

Paris, le 23 Mai 1786.

MADAME,

La réputation dont vous jouissez parmi les gens éclairés, m'ayant inspiré le dessein de vous dédier un ouvrage qui concerne votre sexe, j'ose vous demander la permission de vous en faire un hommage.

La confiance qu'un grand Ministre a mise en vos lumières, le rang distingué que vous avez dans le monde & que vos grandes qualités vous ont acquis, sont des titres plus que suffisans pour annoncer en vous une ame bienfaisante.

C'est sous de pareils auspices que j'ose vous demander, Madame, l'honneur de votre protection, & permettre que je décore de votre nom le frontispice de mon ouvrage.

En voici le titre pour que vous jugiez par vous-même le dégré de mérite qu'il peut avoir, en attendant que vous veuilliez bien le faire par la lecture entière.

Comme il a été soumis à la censure, & qu'il a reçu l'agrément de quelques Membres d'Académies, ce sera le mettre au comble de la gloire, si vous voulez bien, Madame, lui accorder le votre.

J'ai l'honneur de vous prier encore, Madame, de vouloir bien accepter la Brochure ci-incluse ; heureux si elle peut fixer votre attention, m'attirer vos suffrages, & me procurer l'honneur de votre estime.

MADAME,

Votre très-humble & très-obéissant
Serviteur, *L.*

La Réponse consiste en un remerciment fort honnête, pour des raisons particulières.

A MADAME
*LA DUCHESSE DE ****

Paris, le 26 Mai 1786.

MADAME,

LE goût philoſophique (que vous paroiſſez avoir pour les ſciences & les beaux arts, que vous cultivez avec tant de ſuccès, & dont vous accueillez avec autant d'indulgence que de bonté ceux qui les exercent) m'enhardit à prendre la liberté de vous préſenter la Brochure ci-jointe, pour chercher à m'attirer l'honneur de votre eſtime & de vos bonnes graces. Les amateurs des beaux talens ſont toujours très-flatés lorſqu'une Dame de votre rang veut bien leur ſourire & leur faire ſentir le prix des rayons de lumière qui s'exhalent de votre génie.

C'eſt pour en partager les délicieuſes émanations, (malgré votre modeſtie) que j'oſe vous prier, Madame, de vouloir bien permettre, qu'en qualité d'admirateur des fruits de votre esprit, j'aie un jour l'avantage de vous présenter mes hommages.

J'ai l'honneur d'être, avec les sentimens les plus respectueux,

MADAME,

Votre très-humble & très-obéissant Serviteur, *L.*

RÈPONSE

*De Madame la Duchesse de *** à l'Auteur.*

Le 10 Septembre 1786.

MONSIEUR,

LA bonne volonté que vous avez de vous rendre utile aux hommes, & de leur montrer les torts qu'ils ont à notre égard, mérite des applaudissemens & d'être encouragée de notre part. Quoique nous soyons persuadées que cela ne les changera pas, cependant nous sommes enchantées que ceux qui pensent bien, cherchent à leur faire ouvrir les yeux & à les rendre meilleurs, (s'il eſt poſſible.) Je ſuis fâchée qu'une indiſpoſition, qui m'a retenue pendant quelques jours à la campagne, m'ait empêchée de répondre plutôt à l'honneur que vous avez bien voulu me faire, lorſque vous avez daigné m'offrir la dédicace de votre ouvrage que j'accepte bien volontiers, pourvu que vous veuilliez bien ne pas faire paroître mon nom, & quoique j'en fuſſe très flatée, des raiſons de ménagement & de politique envers le public, m'obligent de vous demander cette grace.

J'ai l'honneur d'être, avec la plus grande conſidération,

MONSIEUR,

Votre très-obéiſſante Servante, ***

A MADAME

LA COMTESSE DE ***

Paris, le 10 Septembre 1786.

PLUTARQUE voulant mettre au jour un de ses ouvrages qui a pour titre, *les Actions vertueuses des Femmes*, jugea à propos de l'adresser à une dame de son temps, connue sous le nom de *Clea*, qui devint fameuse par sa liaison avec le philosophe de Cheronée.

A l'exemple de cet Ecrivain, j'ose suivre les mêmes traces à votre égard, Madame, & vous faire un hommage de cet Essai. Pouvois-je choisir un plus excellent modèle, & une Favorite des Muses plus digne d'elles.

Lorsqu'on a exercé son pinceau avec tant d'art & de génie sur la mère des graces; quand on s'est illustré avec tant de succès, en transmettant à la postérité l'image d'une Divinité si chère à la nation; qu'on s'est acquitté d'un ſi beau devoir, en conſacrant à l'immortalité une des têtes couronnées de l'Europe, qui fut de tout temps précieuſe à notre amour, & chérie d'un des plus puiſſans Rois de la terre, telle que la Reine de nos cœurs; on a bien mérité la couronne de toutes les ſciences & des beaux arts.

Quand on eſt capable, Madame, de donner l'immortalité, on en eſt bien digne ſoi-même.

Vos ſeuls travaux nous l'ont acquiſe depuis long-temps, Madame, malgré votre modeſtie; eux ſeuls peuvent vous l'aſſurer ſans le ſecours de qui que ce ſoit.

Lorſqu'on a conſervé, par la magie de votre art, les traits qui caractériſent le génie d'un grand Miniſtre, dont vous avez mérité la bienveillance & celle de tant d'autres Puiſſances, on n'a plus beſoin que de conſerver le pouvoir que vous avez acquis ſur leur eſprit, pour les porter à faire des heureux, & vous aſſurer une place dans le cœur de vos ſemblables, par la bienfaiſance.

Les belles qualités qui décorent votre mérite, Madame, annoncent une belle ame; il eſt naturel de croire qu'elle ne ſe bornera pas à faire ſon unique bonheur; nous ſommes par conſéquent perſuadés qu'elle travaillera à celui des autres.

Nous croyons également qu'elle daignera conſacrer les droits & les titres que ſes talens lui ont acquis, pour faire rendre juſtice à tant de malheureux qui gémiſſent de ne pouvoir ſe faire entendre; ſur-tout à ce citoyen qui a ſi bien mérité de l'état, lorſqu'il a ſauvé dans des temps de calamité, (1) cent mille ames des bras d'une furie qui les conduiſoit à la mort.

J'ai l'honneur d'être, avec la conſidération la plus diſtinguée,

MADAME,

Votre très-humble & très-obéiſſant
Serviteur, L.

---

(1) La peſte arrivée en 1769 à Marſeille.

DISCOURS

DISCOURS

PRÉLIMINAIRE.

DEPUIS que nous avons l'âge de connoiſſance & que nous avons parcouru le monde, nous avons été ſi révoltés de la conduite que les hommes de tous les temps & de tous les pays ont tenue envers le beau-ſexe, que nous n'avons pu réſiſter au doux penchant qui nous porte à prendre ſa défenſe, parce que nous trouvons, dans les principes & dans les motifs qui les ont dirigés, autant d'inconſéquence que d'injuſtice ; c'eſt ce que nous croyons avoir prouvé aſſez ſenſiblement dans le courant de cet Eſſai.

Nous avons été ſi indignés des caprices qu'on a exercés envers cette belle moitié de l'humanité, que nous ne pouvons pas concevoir comment ils ont pu s'en faire aimer un jour.

C'eſt ainſi que la force a abuſé dans tous les temps de la foibleſſe, & qu'on a vu vérifier plus d'une fois ce que l'ingénieux Fabuliſte nous repréſente dans ſa fable du Pot de terre avec celui de fer.

Tantôt Maîtres, tantôt eſclaves; tantôt l'inſtrument de leurs fantaiſies, tantôt celui de la jalouſie, de la cupidité, de l'ambition & de la groſſiéreté de leurs mœurs.

On voit dans l'hiſtoire, que dans un temps elles choiſiſſoient leurs maris; c'eſt alors que ces derniers n'avoient des yeux que pour leurs appas.

Les Rois ſacrifioient leur naiſſance & leur politique à leurs attraits.

C'eſt dans ce temps qu'on donnoit la couronne à la beauté; & cependant ils jouiſſoient de la polygamie. Nous ne ſavons pas comment les Dames de ce temps s'accommodoient de ce partage.

Il eſt vrai que ce même uſage ſubſiſte encore aujourd'hui ; toute la différence qu'il y a, c'eſt qu'il n'eſt pas autoriſé ouvertement, il n'eſt que toléré en ſecret. Voyez dans l'Eſſai ſur Paris ; dans l'hiſt. de l'Emp. de Ruſſie par Voltaire.

On verra ci-après à quelles conditions une veuve achetoit le droit de ſe marier de nouveau.

Le divorce qui eſt défendu aujourd'hui dans preſque toute l'Europe, étoit permis dans les isles Buridok, à Kamatzacatka, &c.

Dans la petite Bukarie les hommes achètent leurs femmes : plus un père de famille a d'enfans, plus il eſt riche.

Enfin il y a eu de tout temps une ſi grande variété dans les loix, dans les coutumes & les uſages de tous les pays ſur l'article des femmes, qu'on ne ſait comment définir les hommes d'après la conduite qu'ils ont tenue dans bien des circonſtances.

On voit à peu près la même choſe encore aujourd'hui dans le ſiècle où nous ſommes.

On ſait comment elles ſont regardées à Conſtantinople, dans le reſte de l'Aſie, de l'Afrique, &c.

On ſait encore dans quelle gêne elles ſont en Eſpagne, en Italie, &c. ainſi que dans le reſte de l'Europe; c'eſt-à-dire, qu'elles y ſont, comme pendant les ſiècles & dans les pays dont nous venons de parler, plus ou moins, c'eſt-à-dire, tantôt Reines, tantôt eſclaves.

Nous pouvons cependant dire à la louange des eſprits de notre nation, qu'ils penſent un peu plus ſagement aujourd'hui ſur cet article, que dans aucun autre; c'eſt-à-dire, qu'elles n'y ſont ni trop libres, ni trop gênées, pourvu que les choſes n'aillent pas plus loin.

On pourroit même dire qu'elles prennent un certain empire sur les hommes, qui leur sied très-bien, pourvu, nous le répétons, qu'elles n'aillent pas plus avant, ainsi qu'il est arrivé plus d'une fois quand on a voulu outrer les choses.

Les femmes y jouissent de cet empire, dans la société, d'une façon si agréable & en usent avec tant de circonspection, de décence & de dignité qu'on en est enchanté, pourvu, nous le disons encore, que cet avantage qu'elles ont dans la balance sur les hommes, ne fasse pas plus de progrès.

Nous voulons dire par-là que comme nous sommes tous égaux en nature, il faut que l'un n'ait pas plus d'avantage que l'autre dans tout, & qu'il y ait une égalité complète dans toutes choses. Nous ajoutons cependant que s'il devoit y avoir quelque prépondérance en faveur de l'un des deux sèxes, ce devroit être plutôt sur la femme que sur l'homme, à raison de ce qu'étant plus foible & n'ayant aucun droit de partager le jugement des hommes, c'est-à-dire, les charges de la Magistrature, ainsi des autres fonctions qu'ils remplissent dans tous les états de la Monarchie, jusques dans ce qui regarde les choses de leur sèxe même, elles sont, par la même raison, moins capables d'en abuser.

Nous convenons cependant que, partageant tout ce qu'il y a de plus secret & de plus particulier avec l'homme, elles devroient partager également tous les autres actes de la vie, qu'il opère sans aucune exception, puisque l'histoire & l'expérience prouvent qu'il en est où elles seroient plus capables, & qu'il en existe d'autres où elles sont pour le moins aussi propres qu'eux, ainsi que nous l'allons bientôt prouver; c'est pourquoi nous mettons tout ce qui se fait sans leur participation, dans la classe des tyrannies qu'on exerce à leur préjudice.

DU MARIAGE.

RÉVOLUTIONS

Qu'il y a eu en différents temps dans cette union.

Des Gaulois. Chez les Gaulois les filles choisissoient leurs maris à leur gré, sur le grand nombre de ceux qu'on leur présentoit.

Ils avoient pour les femmes une espèce de vénération ainsi que pour leurs appas; il étoit permis de tout dire, excepté de parler mal des femmes. Essai sur Paris, t. 2.

Nos Rois de la première race sacrifioient dans leurs mariages la naissance & la politique; c'étoit presque toujours la beauté qui faisoit les Reines. Ils se permettoient la pluralité des femmes. Essais hist. sur Paris, tom. 11.

Avant le règne de Pierre le Grand I, les Czars choisissoient aussi les femmes parmi les plus belles. Hist. de l'Empire de Russie par M. de Voltaire.

A Kamalstchaka, c'est le jeune homme qui choisit la fille, & il ne l'obtient qu'après mille combats entre l'un & l'autre, ou avec les femmes qui la gardent.

Les veuves ne peuvent se marier qu'après avoir expié leurs fautes. Cette expiation consiste à cohabiter la première nuit avec un étranger ; cependant elles ne sont pas beaucoup recherchées à cause de cette expiation.

Le divorce est reçu dans ce pays là, & il se fait sans bruit. Le mari fait lit à part, & quelques jours après il épouse une autre femme. La femme répudiée prend à son tour un nouveau mari. Hist. de Kamast. des isles de Buriski. Voy. le Journ. encyclopédique de Mai 1764.

Dans la petite Bukarie, pays d'Asie, dont les Tartares Kalmouks sont Seigneurs, les hommes, comme dans beaucoup d'autres pays, achètent leurs femmes à prix d'argent, & le dégré de beauté en fait la valeur.

Plus un père de famille a de filles, plus il est riche. Les réjouissances de la noce durent trois jours, pendant lesquels le mari se couche chaque fois auprès de sa nouvelle épouse, mais on ne lui permet pas d'ôter ses habits; il ne peut y rester qu'un instant, & plusieurs femmes qui l'observent, s'opposent à ce qu'il soit le mari de sa femme.

Ce n'est qu'à la troisième nuit qu'il peut entrer dans tous les droits d'un mari. Mélang. intéress. & curieux; ou Abbregé d'hist. natur. civ. & polit. de l'Asie, de l'Afrique, de l'Amérique, & des terres polaires.

Les Bukariens ne sont pas si à plaindre que les femmes des Kalmouks leurs maîtres, dont il a été parlé: ceux-ci ont la liberté de prendre autant de femmes qu'il leur plaît, sans y comprendre leurs concubines qu'ils choisissent parmi leurs esclaves. Mélanges intéressans, tome 3.

Les Guèbres, gouvernés par une des plus

anciennes religions du monde, ont une loi qui ne leur permet qu'une feule femme; ils ne peuvent la répudier, ni en prendre une autre, que dans le cas où elle eft ftérile pendant les neuf premières années de mariage. Id. tom. 8.

Les Peuples d'une Secte qu'on nomme le fabéifme, & qui fe trouve en Perfe, font encore appellés Chrétiens de St. Jean.

Les Eccléfiaftiques font tous mariés pour perpétuer leur miniftère; mais s'ils époufoient une fille qui ne fut pas vierge, leurs enfans ne pourroient leur fuccéder dans leurs fonctions facrées.

Les parens de l'époufe, accompagnés d'un Prêtre, vont trouver la future, lui demander fi elle eft vierge, & elle eft obligée de jurer cette vérité; la femme du Prêtre s'affure par elle-même fi la prétendue n'a point fait un faux ferment, & rend fon témoignage, &c.

Après la célébration, les mariés vont trouver l'Evêque, devant lequel le mari jure à fon tour que la femme n'a pas fait un faux ferment, & fans cette affertion du mari, le mariage ne seroit pas ratifié par l'Evêque.

Les Persans contractent trois sortes d'union avec les femmes; ils prennent les unes à bail à un prix convenu, & le contrat se passe en présence du Juge qui rend cet acte obligatoire aux deux parties. Ils en achètent d'autres pour en faire des concubines, & en épousent quelques-unes.

A Ispaan, Capitale de l'Empire, une belle femme se loue quatre à cinq cens livres par an, & n'a pas la liberté de quitter son mari passager avant le terme.

Aux Isles Philippines, ce n'est qu'en payant que l'on parvient à être entièrement maître de sa femme.

Celle-ci ne porte point de dot; sa famille exige au contraire une somme d'argent avant de la livrer à un homme.

Le mari est obligé de payer son entrée dans la maison de sa prétendue, & ce droit se nomme *Passava*, ensuite la liberté de parler à sa femme, puis celle de boire & de manger avec elle; & enfin une somme proportionnée à la condition des parens, pour obtenir le droit de la cérémonie la plus essentielle.

Parmi les Georgiennes & les Mingreliennes l'union conjugale n'est qu'un contrat de vente par lequel les parens de la future conviennent de la livrer, après l'exécution des conditions stipulées. On peut dire que dans ces pays le mariage est une affaire de calcul.

C'est toujours l'intérêt qui y fait les mariages; parce que ces peuples, naturellement pauvres, ne voient dans l'union conjugale, qu'un moyen d'acquérir une sorte d'aisance, en vendant les enfans qui en naissent. Mél. inter. tom. 7.

Les Peuples soumis à l'Empereur de Maroc ne voient leurs femmes qu'après la consommation du mariage. Ces inconvéniens d'épouser une femme sans la voir, est compensé par la liberté que l'on a de la répudier lorsqu'on le juge à propos.

Lorsqu'un homme commence à sentir de l'indifférence pour sa femme, il en prend une nouvelle à laquelle il en fait ensuite succéder d'autres, autant que ses facultés le lui permettent; mais d'ordinaire la première demeure toujours la maîtresse de sa maison, & c'est elle qui règle tout ce qui regarde le ménage.

Les Arabes, appellés errans ou bedouins, sont dans l'usage qui est commun avec plusieurs autres nations. Ils exposent en public, le lendemain du mariage, ce qu'on regarde communément comme la preuve de virginité de la fille dont chaque père a répondu à l'époux & à toute sa famille.

Les Peuples qui habitent les royaumes de Juda & d'Ardra, en Afrique, adorent les serpens qui n'ont aucun venin.

A demi-lieue de Sabi, Capitale de Juda, le grand serpent a un temple magnifique. On lui fait partager les douceurs du mariage; ses Prêtres même ont le soin de lui chercher les plus jeunes & les plus jolies du pays; ils vont de sa part les demander en mariage à leurs parens qui se trouvent très-honorés de cette alliance.

On fait descendre la fiancée dans un caveau, où elle reste deux heures ou trois, &

lorſqu'elle en ſort, on la proclame épouſe ſacrée du grand Serpent. Eſſais hiſt. t. 5.

Les Prêtres de l'Idole adorée à Carnate cherchent tous les ans une épouſe à leur Dieu, & font la même cérémonie que ceux du grand Serpent. Eſſais hiſt. & philoſoph. ſur les principaux ridicules des différentes nations. Amſterdam 1766.

Les Nations ſauvages qui habitent la Louiſiane ſont dans l'uſage d'offrir des filles à tous les blancs qui paſſent par leurs villages; les Chefs parcourent les rues & haranguent ainſi la nation.

Jeunes gens & guerriers ne ſoyez point fous; aimez le maître de la vie; chaſſez pour faire vivre les François qui nous apportent nos beſoins : & vous jeunes filles ne ſoyez point dures ni ingrates de votre corps, vis-à-vis des guerriers blancs, pour avoir de leur ſang.

C'eſt par cette alliance que nous aurons de l'eſprit comme eux, & que nous ſerons redoutés de nos ennemis. Nouv. Voy. aux Indes occident. &c., par M. Boſſu, Capit.

dans les Troupes de la Marine; seconde partie 1768.

On vient de voir les précautions que prennent certains Peuples, entr'autres les Sabis ou Chrétiens de Saint Jean, afin de s'assurer de l'intégrité des filles qu'ils épousent; chez les Peuples que nous allons parcourir, cet état est un obstacle considérable au mariage.

Parmi les Canarins de Goa, les filles qui vont être mariées sont conduites à la statue de leur Dieu; c'est-là que les plus proches parens réunissent leurs efforts, par un motif de religion, jusqu'à ce qu'ils aient des marques évidentes que l'Idole de fer, à laquelle ils offrent les prémices de la fille, les a acceptés.

Au Royaume d'Arracan & aux Isles Philippines, un homme se croiroit déshonoré s'il épousoit une fille qui n'eut pas été déflorée par un autre; & ce n'est qu'à prix d'argent qu'on peut engager quelqu'un à prévenir l'époux.

Dans la Province de Thibet les mères cherchent des étrangers & les prient instamment de mettre leurs filles en état de trouver des maris.

A Madagascar & dans quelques autres pays les filles les plus libertines & les plus débauchées sont celles qui sont le plutôt mariées. Hist. nat. par M. de Buffon, tome 4.

Le Roi de Calicut livre sa fiancée à son grand Aumônier, avant de l'admettre dans la couche nuptiale: il faut que cet Aumônier le débarrasse d'une peine que les maris de presque tous les pays recherchent avec grand soin & se flattent de trouver.

Chez les Hottentots, toutes les fois qu'une veuve se marie, elle est obligée de se couper un doigt. Essais hist. & philosoph. sur les principaux ridicules. Essais histor. sur Paris. tome 5.

RÉFLÉXION.

On vient d'observer combien l'homme est varié dans ses principes & dans ses goûts, puisque tantôt il se montre en maître, quelquefois en tyran, & dans d'autres temps en esclave, ainsi que nous l'allons prouver par d'autres d'autres exemples; cependant on verra que c'eſt preſque toujours les femmes qui ſont la victime des caprices ou des inconſéquences *des hommes.*

Dans l'Isle Formoſa un homme ne demeure point avec ſa femme; il va la voir de nuit, ſe lève de grand matin, & ne retourne point chez elle pendant le jour, à moins qu'elle ne l'envoye chercher, ou que le voyant paſſer elle ne l'appelle. Eſſais hiſt. ſur Paris, t. 5.

Dans l'Isle de Ceilan, preſque toutes les femmes ont deux maris, tandis qu'il eſt très-rare qu'un homme ait plus d'une femme; celle-ci peut être commune à toute une famille; car, après la cérémonie du mariage, qui eſt fort courte, la première nuit des noces eſt pour le mari, & ainſi de ſuite juſqu'au ſixième dégré, ſans que cette proſtitution ſoit toujours capable d'éteindre l'ardeur érotique qui embrâſe ces femmes; puiſqu'en général elles peuvent, (& les filles également) avoir commerce avec tous ceux qu'il leur plaît, pourvu qu'ils ne ſoient pas inférieurs à leur qualité. Hiſt. de l'isle de Ceilan, par le Grand.

Les Peuples du Royaume de Laſſa laiſſent également leurs femmes maîtreſſes de fixer le nombre de maris qu'elles veulent épouſer. Le premier enfant qui naît appartient au mari qui eſt le plus âgé; ceux qui naiſſent enſuite reconnoiſſent les autres pour pères ſuivant le dégré de leur âge. Mélanges intéreſſants, &c. tome 6.

Les Femmes des Naires, ou Nobles de Calicut, ont auſſi le privilège dont nous avons parlé. Le Père Tachard aſſure qu'il s'en eſt trouvé qui avoient tout à la fois juſqu'à dix maris, qu'elles regardoient comme autant d'eſclaves qu'elles s'étoient ſoumis par leur beauté.

Qu'on faſſe attention à toutes les variétés auxquelles les hommes de tous les temps & de tous les pays ont été ſujets; on verra qu'ils ſont indéfiniſſables, ainſi que nous l'avons avancé, & que plus ou moins ils ont exercé un empire deſpotique ſur les femmes, & rarement celles-ci l'ont exercé ſur eux.

Nous venons de voir que chez les Gaulois les filles choiſiſſoient les maris à leur gré ſur le grand nombre de ceux qui leur étoient préſentés.

Du temps de nos Rois de la première race & des Czars de Moſcovie, les Souverains avoient le choix, & les filles étoient plutôt redevables à leur beauté de la préférence qu'on leur accordoit, qu'aux belles qualités de leur caractère.

A Kamaſtchalka les hommes ont le droit du choix, mais ils l'achètent par mille grimaces; ainſi des autres uſages que nous venons d'expoſer, & ſur leſquels on peut jeter un coup-d'œil, ſans que nous allions plus avant & les répétitions de nouveau, comme il a fallu faire plus d'une fois quand nous y avons été néceſſités pour l'avantage du ſujet, quoique nous l'ayons fait malgré nous.

Nous avons vu des hommes ſe détruire par leurs paſſions & par le déſeſpoir; d'autres ſe mutiler ſur des principes de vertu, comme nous l'avons prouvé par l'hiſtoire ſingulière de l'hemite de Bagnols, arrivée à Fayence en Provence, & que nous avons fait paroître en ſon temps dans le Journal de Médecine; ainſi de tant d'autres qu'on a vu arriver dans différens pays. Il y en a eu qui se sont condamnés à l'infibulation par un honteux lien, pour ne pas violer des vœux de chasteté.

Dans d'autres climats des tyrans sacrifient leurs semblables à leurs plaisirs, en mutilant les signes de la virilité, pour leur procurer une voix dont le son flateur doit charmer leurs oreilles, ou pour en faire les tristes spectateurs de leurs plaisirs & les gardiens de leurs femmes.

Voilà une partie des tyrannies que les plus forts exercent sur les plus foibles.

Nous allons continuer d'exposer celles que les hommes de tous les temps, ont encore plus ou moins exercées sur les mêmes sujets.

Fin de la première Partie.

RÉVOLUTIONS TYRANNIQUES

Que les Femmes ont éprouvées de la part des Hommes, dans presque tous les temps & tous les pays.

SECONDE PARTIE.

On a vu, qu'excepté les Phéniciens, les peuples de Juda & d'Ardra, de Goa, du royaume de Calicut, de Thiber, &c. &c., tous les autres peuples ont fait des choses étonnantes, pour prouver dans le mariage l'intégrité de leurs filles, & les vérifications humiliantes auxquelles ils les ont assujetties pour s'en assurer.

On a vu les moyens artificiels auxquels ils avoient été condamnés pour les conserver vierges, comme l'infibulation ou le bouclement : on ſait que les Ethiopiens & pluſieurs autres peuples d'Afrique, les habitans de Pegu & de l'Arabie Petrée ont la barbarie, dès que leurs filles ſont nées, de rapprocher, par une ſorte de couture, les parties que la nature a ſéparées, ne laiſſant libre que l'eſpace ſuffiſant qui eſt néceſſaire pour les écoulemens naturels.

Ces chairs ſe colent ſi bien à meſure que l'enfant croît, que l'on eſt obligé de les ſéparer par une inciſion vers le temps du mariage.

Il y a des peuples qui paſſent ſeulement un anneau pour les boucler, comme nous avons dit ailleurs, tant aux filles qu'aux femmes.

La ſeule différence qu'il y a des unes aux autres, c'eſt qu'aux premières l'anneau ne peut s'ôter, ſans doute, que pour le temps du mariage, & qu'aux ſecondes il y a une eſpèce de ſerrure à l'anneau ou à la ceinture, dont le ſeul mari a la clef; & ce qu'il y a encore de plus étonnant, c'eſt que ces uſages ſe pratiquent encore chez une de nos nations voiſines.

La tyrannie que ces derniers peuples ont exercée ſur la plus belle partie de l'humanité, par jalouſie ou pour faire trop de cas de la chaſteté & de la virginité, les Phéniciens, les Armeniens & les autres peuples (que nous avons cités ci-devant) l'exerçoient par trop d'indifférence ou de mépris pour la même choſe, puiſqu'ils ſacrifioient leurs filles à des valets comme *les Phéniciens ; à des Moines comme les Arméniens ; aux Prêtres du grand Serpent, ainſi que ſont les peuples de Juda & d'Ardra ; à une Idole de fer, tels que les habitans de Goa, pour les délivrer eux-mêmes de la peine qu'ils ſeroient obligés de prendre ; ainſi des autres, dont les Mères vont chercher dans les rues des étrangers pour leur rendre ce ſervice, afin que leurs filles trouvent un parti plus avantageux.*

Pour comble de cruauté, d'extravagance, de barbarie, les Romains condamnent (dans un temps de délire) la fille de *Sejan* à être déflorée par le bourreau avant qu'elle en fût étranglée, pour ne pas faire déshonneur à la virginité. Quel fanatiſme ! Quel aveugle préjugé !

Dans les pays où la polygamie eſt permiſe, un nombre conſidérable de femmes eſt enfermé dans des murs impénétrables, pour le plaiſir d'un ſeul. Toutes ces divinités deviennent les eſclaves & les vils inſtrumens quelquefois d'un mépriſable mortel.

De tous les différens peuples que nous venons de parcourir, il n'y a eu que les Gaulois qui laiſſoient aux filles le droit de choiſir leurs maris au gré de leurs deſirs, comme nous avons dit ci-devant.

Il n'y a que dans l'isle Formoſa, de Ceilan, dans le royaume de Laſſa, & chez les Naires ou Nobles de Calicut où les femmes jouiſſent du droit de polygamie, puiſqu'elles ont juſqu'à dix maris.

Dans le royaume de Congo, ce ſont les femmes qui donnent la nobleſſe aux maris & qui ſont maîtreſſes abſolues; mais excepté ces peuples, les femmes ſont tyranniſées partout ailleurs, tant du côté des loix que des uſages.

Peut on trouver une coutume plus injuſte & plus ridicule que celle des Arabes, appellés errans ou bedouins, & de tant d'autres pays où l'on expose en public, le lendemain du mariage, les marques de la virginité de la fille dont chaque père a répondu à l'époux & à toute sa famille.

Y a-t-il un usage plus révoltant & plus tyrannique que celui de livrer aux prêtres du grand Serpent, les filles qu'on vient de marier, à un être imaginaire ainsi que dans les royaumes *de Juda & d'Ardra*, de Carnate, &c. comme si les Dieux avoient besoin de femmes.

Il faut être bien aveugles & bien grossiers pour ne pas voir que les Prêtres de ces Idoles, sous le voile de leur caractère & sous le manteau de la Divinité, abusent de la simplicité & de la crédulité de ces peuples, & qu'ils exercent sur eux un brigandage des plus scandaleux.

On doit dire la même chose des peuples de *Goa*, qui abandonnent leurs filles aux Prêtres de *l'Idole de fer* pour les faire jouir de leurs prémices, & qui ne sont contens de la Divinité que lorsque ces filles ont reçu d'eux des marques évidentes qu'elle les a acceptés.

Y a-t-il un usage plus tyrannique que celui qu'on observe chez les Hottentots, où une veuve ne peut se remarier que lorsqu'elle s'est fait couper un doigt?

Peut-on rencontrer une coutume plus humiliante & plus servile, que celle de vendre la plus belle moitié de l'humanité, pour la faire servir à la brutalité d'un seul ? comme dans la Georgie, la Circassie, la Mingrelie, où l'on vend les plus belles filles pour en garnir le serrail des Grands Seigneurs.

Dans quelle partie du monde qu'on se trouve, les hommes sentent tous le même penchant à aimer ce beau sexe ; tandis que presque partout il y est martirisé & devient la victime de l'amour qu'il inspire à ces mortels, parce que tous n'aiment pas de la même façon, ainsi qu'on l'a vu, & n'ont pas le même goût, puisque les uns font de la virginité une vertu, tandis que les autres en font un vice.

Les premiers les martirisent pour conserver cette vertu, les seconds les tyrannisent jusqu'à les avilir pour la leur faire perdre.

Il ne faudroit pas conclure de-là que ce fut la faute de l'amour, parce qu'il fait faire aux uns le contraire des autres ; il ne conviendroit pas non plus de dire qu'il n'y a de bon dans l'amour que le physique, & que le moral n'en vaut rien, comme l'a avancé un savant Naturaliste de notre siècle, & ajouter cette apostrophe contre la plus belle de toutes les flammes, autant pour soutenir la noblesse & la dignité de notre ame, que pour les belles moitiés de notre espèce qui en font l'objet, & qui les font naître.

Les Poëtes tiennent tous les jours un langage bien singulier, quand ils disent que l'amour n'est que caprices & que fantaisies, parce qu'il logera dans un cœur fantasque & capricieux, dans un corps qui le rend ce qu'il n'est pas dans son essence toute divine; parce qu'il sera dans un être qui n'est pas bien organisé, ou lorsque les passions pour les femmes, pour le vin, &c. en ont altéré le ressort.

C'est parler d'une chose qu'on ne connoît pas, c'est-à-dire, parler du moral & du physique d'un être qu'on ne s'est pas bien mis en état de connoître.

L'amour, ce beau présent de la Divinité, a toujours été le même, depuis la création de l'homme, dans tous les temps & parmi tous les peuples.

Ce ſont les différentes modifications qu'il reçoit des organes dans leſquels il habite, les différentes façons de l'entrevoir & de le ſentir qui lui font produire différens effets.

Il en eſt de ce penchant, quand il eſt porté juſqu'à l'excès, comme il en eſt de tous les autres quand ils ſont portés juſqu'à la paſſion, tels que la haine, la vengeance, l'avarice, l'ambition, la vanité, &c.

La différente façon de le ſentir, & les différentes modifications que toutes ces paſſions reçoivent de nos organes, leur font produire différens effets, quoiqu'elles ſoient toujours les mêmes par leur nature.

Revenons à notre ſujet.

Dans quel pays que l'on ſoit, les hommes aiment les belles créatures qui ont été formées par les mêmes mains, de la même pâte qu'eux, à leur image & reſſemblance; comment pourroient-ils alors ne pas s'aimer?

Cependant de ces deux il y en a une qui s'eſt toujours prévalue ſur l'autre, & qui a toujours profité de la foibleſſe de ſon ſexe jusqu'à en abuſer, au point d'en faire l'inſtrument de ſes caprices & de ſes biſarreries, ainſi que nous en avons donné des preuves & des exemples tirés des différens peuples que nous avons parcourus dans le cours de cet ouvrage.

Plus les peuples ſont civiliſés, comme en Europe, plus on rend à ces aimables objets la juſtice qu'ils méritent & les hommages qui leur ſont dus; cependant on s'y reſſent encore, dans bien des choſes, des uſages de l'ancienne barbarie dans laquelle ils étoient enſevelis; ſoit que ce ſoit l'ouvrage des préjugés, ou qu'ils proviennent de toute autre cauſe; ils ne peuvent être appuyés que ſur de faux principes qui ne ſont pas éclairés; car, ſur quel fondement & par quelle fatalité, quand un enfant vient de naître, demande-t-on d'abord s'il eſt mâle ou femelle.

S'il eſt mâle, il ſemble qu'il apporte avec lui les tréſors du Perou, tandis que c'eſt ſouvent le contraire; s'il eſt femelle, la joye où l'on étoit dans l'eſpoir & dans l'attente que ce fut un mâle, se change en tiédeur, & l'on fait beaucoup, si l'on ne reçoit pas cette nouvelle avec indifférence, ou si l'on ne pousse pas quelques gémissemens intérieurs.

Dès que cette fille sait parler, on la met dans un couvent jusqu'à ce qu'on la marie. Si elle est dans le monde, on l'assujettit à mille gênes & à mille bienséances qui la rendent esclave.

Lorsqu'elle est une fois mariée, elle ne fait que changer de servitude & passer de la discipline d'une mère à celle d'un mari.

C'est alors qu'il faut qu'elle se réduise à ce seul homme, qu'elle n'ait des yeux & des oreilles que pour lui, & qu'elle fasse le sacrifice de tous ses sens & de tous ses goûts en faveur de ce seul être; tandis que lui se permet tout ce qui lui fait plaisir; malgré qu'il ait fait le même serment de fidélité qu'elle, & qu'il n'ait pas plus de droit de le violer que sa femme: cependant, nonobstant toutes ses infidélités, il faut qu'elle l'aime, quoiqu'elle ne sente rien pour lui, & qu'elle fasse beaucoup de ne pas le haïr bien loin de l'aimer, parce que ſouvent, dans cette alliance, on a plutôt conſulté la naiſſance & les richeſſes que l'amour.

Enſuite viennent les ſouffrances de la groſſeſſe, les gênes du mariage, les dangers de l'enfantement, & les ſuites épineuſes de la couche.

Après celles-ci viennent le ſouci des enfans, les alarmes continuelles dans leſquelles les tendres mères ſe trouvent à la plus petite infirmité de ces mêmes enfans.

Comme ceux-ci ont été condamnés à payer un nombre de tribus à la nature avant d'être aſſurés de la vie, tels que *la dentition*, *la rougeole*, *la petite vérole*, &c., elles achètent bien cher & par mille frayeurs, la ſatisfaction qu'elles ont de leur avoir donné l'exiſtence.

Enfin, ſans aller fouiller davantage dans l'hiſtoire ni ſans aller chercher ſi loin, y a-t-il un uſage plus tyrannique envers les femmes que celui où l'on étoit autrefois en France de les expoſer au congrès? Je ne crois pas qu'il ſoit poſſible de trouver un moyen plus propre pour avilir & humilier la plus belle de toutes les vertus, (qui eſt *la pudeur*,) que celui dont il s'agit; heureuſement la philoſophie du bon ſens nous a délivrés de ces monſtres de la tyrannie.

Nous ne finirions plus ſi nous voulions pourſuivre ce ſujet; il eſt ſi vaſte & fournit tant de matière, qu'il donneroit lieu à des volumes entiers. Il nous ſuffit d'avoir donné quelques exemples pour prouver juſqu'à quel point on a porté cet excès.

Il s'agit de ſavoir à préſent ſi les révolutions qu'il y a eu en Europe, & les changemens qu'on obſerve ſur ce point viennent des progrès que nous avons fait dans la ſaine philoſophie; ou ſi c'eſt l'ouvrage de l'agréable pouvoir que le beau ſexe a ſur nous, en adouciſſant la férocité de nos mœurs, & en exerçant ſur nous le plus aimable empire.

Je ſuis perſuadé que l'un & l'autre y ont beaucoup contribué, & qu'ils ont amené les hommes au point qu'il falloit, pourvu que les choſes n'aillent pas plus loin, & qu'on évite les extrêmes auxquels on s'expoſe; quand on ne ſe réduit pas à un ſage milieu, à condition

également

également *qu'on ne fasse pas comme dans l'isle Formosa, dans celle de Ceilan, dans les royaumes de Lassa, des Nobles de Calicut, où les femmes jouissent de la polygamie, comme il a été dit ci-devant.*

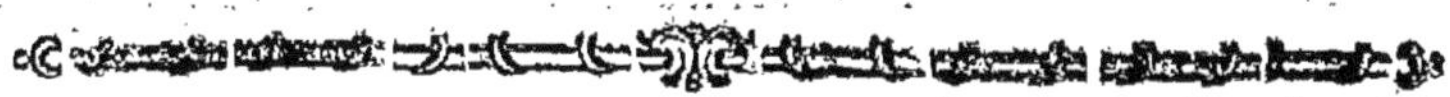

INJUSTICE DES HOMMES

Envers les Femmes, ou le beau Sexe.

Les hommes en général sont si inconséquens, comme nous l'avons avancé plus d'une fois, qu'ils se contredisent presque dans tout, jusqu'à devenir injustes, tant dans leurs inconséquences que dans leurs contradictions.

Lorsqu'ils se contredisent sur des choses qui ne portent aucun préjudice, on les taxe de ridicule, en les abandonnant aux faiseurs de comédie, qui savent si bien tirer parti de tout, (quoiqu'ils trouvassent plus de sujets d'en faire sur leur compte, que sur celui des autres;) mais quand les hommes deviennent injustes dans leurs faux jugemens, & que ces derniers portent ſur des ſujets de conſéquence; il convient de défendre l'innocence perſécutée, & de leur démontrer leur injuſtice & leur erreur.

Par-tout on célèbre la beauté ; dans les quatre parties du monde on admire ſes appas & ſes charmes.

Dans la nature entière, on ſent les feux charmans qu'elle inſpire, & par-tout elle eſt perſécutée.

Depuis l'exemple du ſerpent, qui, dans l'isle d'Edein, vint ſéduire & trahir la belle Eve, tous les hommes ont l'adreſſe & la politique de faire, comme lui, pour ſéduire & tromper l'innocence.

Ce fin Renard ſavoit que ce ſexe aimable ſe plaiſoit à entendre vanter ſes charmes & exalter ſes appas; c'eſt pourquoi il prit cette route qui ne lui réuſſit que trop.

Les peuples de l'Europe, beaucoup plus policés que les autres, (qui ne mettent pas tant d'art & d'attention auprès de ces objets & qui pourtant en méritent beaucoup (ont pris cette route, & ſans doute ils s'en trouvent bien, puiſqu'ils continuent de s'en ſervir envers celles qui en ſont le ſujet & la plupart du temps les victimes.

Ces fins ſéducteurs étudient tout ce qui peut plaire aux objets de leur flamme, ils les enchantent par tout ce que l'art & la magie inſidieuſe de l'eſprit & d'un cœur ruſé ont de plus ſéduiſant; ils les éblouiſſent par tout ce que la flaterie a de plus trompeur, en relevant leurs graces & leurs attraits; ils les enivrent par tout ce que les promeſſes ont de plus perſuaſif & les apparences ont de plus puiſſant.

Quand ils ont bien dreſſé leurs piéges, tendu leurs filets, & qu'ils ont obtenu le prix de leurs faveurs, ils ont l'injuſtice de leur en faire un crime. Quelle inconſéquence! Quelle contradiction!

Ces hommes ſe conduiſent dans ces uſages comme s'ils ne connoiſſoient pas le cœur humain, & s'ils ne ſçavoient pas que dans le corps extrêmement ſenſible des femmes, il y a un eſprit & un cœur; que l'un & l'autre ſont pétris de la même matière que les nôtres,

& qu'au penchant qu'elles ont comme nous à l'amour, quand on joint toutes les ruses, les souplesses, les tromperies, les adresses, les subtilités, les grimaces & les promesses d'un trompeur, les plus sages & les esprits les plus forts succombent.

Quant au goût & à l'inclination naturels que le beau sexe a pour l'amour comme nous, on lui tend des filets & des embuches continuels, lorsqu'aux mêmes dispositions pour cette belle flamme, on joint tout ce que l'artifice a de plus enchanteur, est-il étonnant qu'un esprit de bonne foi, un cœur tendre, séduits & enivrés par tant de puissances réunies, se laissent tromper, & qu'ils goûtent un plaisir qui a tant d'attraits & de charmes pour eux & pour nous?

Je suis moins surpris de ce que ces innocentes victimes de la fourberie des hommes ont succombé, que de ce qu'il a été possible qu'il y en ait une qui ait résisté une seule fois.

Je regarde, qui plus est, comme quelque chose d'héroïque, les efforts qu'elles doivent faire pour réſiſter auſſi long-temps qu'elles le font, & il n'y a pas une de celles qui ont été fermes juſqu'au bout, qui ont gagné la palme & remporté la victoire en entier, qui ne dût être miſe au rang des plus fameux athlètes & des plus illuſtres héros.

S'il falloit même donner quelque préférence ſur ces deux genres d'héroïſme, ce ſeroit plutôt à ces aimables héroïnes qu'aux vaillans guerriers; parce que comme elles n'ont pas l'eſprit auſſi fort qu'en général les hommes, & pourtant le cœur plus tendre & plus foible, il y a plus de gloire d'avoir fui des plaiſirs naturels qui ont tant de charmes & d'appas, d'avoir acheté cet honneur au prix des ſacrifices les plus chers à leur cœur, que d'avoir été affronter des dangers qui ne ſont pas toujours certains comme chez les enfans de Mars.

Par contraire, dans les combats de l'amour le péril eſt preſque toujours aſſuré, parce qu'il eſt difficile d'échapper à des traits pour leſquels nous avons tant de goût, qu'on n'évite qu'avec peine, & contre leſquels on réſiſte plus par reſpect humain que par inclination.

Dans les combats de Mars il eſt prudent & naturel d'éviter un coup qui vient nous frapper, quand nous le pouvons, ſans pourtant fuir ce qui ſeroit une lâcheté ſuivant l'eſprit de l'héroïſme.

Cet acte eſt dans la véritable nature, & le principe qui l'autoriſe eſt dans le cœur; mais dans les combats de l'amour ce même principe eſt contre nature; cette ſage mère, cette tendre conſervatrice de notre individu nous inſpire préciſément un ſentiment contraire & diamétralement oppoſé, puiſqu'elle nous dicte de chercher le bien & de fuir le mal; c'eſt-à-dire, elle nous porte à rechercher le plaiſir & à fuir la peine.

Cela ſignifie qu'on doit plus mériter dans l'opinion de ſes ſemblables en fuyant ce qui eſt naturel, qu'en évitant ce qui eſt contre nature, parce que les uns font le ſacrifice d'un plaiſir qui coûte toujours bien cher au cœur, tandis que les autres non ſeulement ne font point de ſacrifice, mais encore ils évitent une peine & gagnent un plaisir, qui est d'éviter le mal tandis que les précédens le perdent.

Après des raisonnemens aussi simples & un grand nombre d'autres qu'on pourroit donner, il n'est pas difficile de décider la question; nous laissons au Lecteur le choix de la préférence & la liberté de désigner le prix, persuadé d'avance qu'il fera de la palme comme Pâris fit de la pomme.

Nous osons même espérer que les Héros de Mars n'envieront pas à ces aimables Amazones cette préférence, qu'ils se feront bien plus un plaisir & une gloire de mettre ces palmes à côté de leurs lauriers, autant par justice que par déférence.

Puisqu'ils ont mis les premiers plus d'une fois leur valeur à l'épreuve, quelque danger qu'il y eut de combattre avec eux; puisqu'ils ont senti plus d'une fois le pouvoir de leurs charmes, & qu'ils les ont crues dignes de partager avec eux les honneurs du combat, tant en amour qu'en guerre, nous osons nous flater qu'ils se feront un honneur de les admettre ſous leurs étendards, & que bien loin de leur jalouſer ou envier cette gloire, ils ſeront charmés de la partager avec elles.

Nous allons donner quelques exemples du ſavoir & de l'héroïſme des femmes.

Fin de la ſeconde Partie.

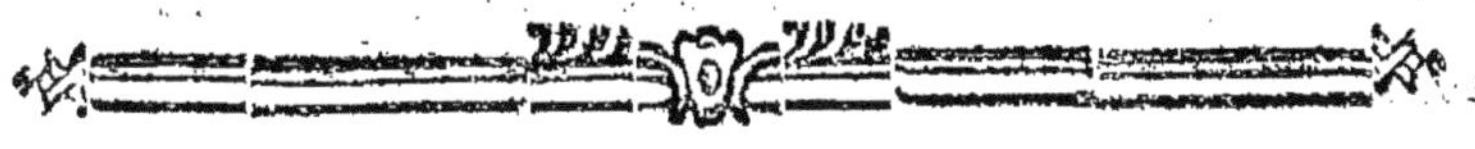

EXEMPLES

Du Savoir & de l'Héroïsme des Femmes.

TROISIEME PARTIE.

LE seul parallèle que *Plutarque* fait, prouve l'eſtime qu'il avoit des femmes.

On pourroit, dit-il, *faire le parallèle d'Anacreon avec Sapho, de Semiramis avec Seſoſtris, de Tanaquis avec Servius, de Brutus avec Porcie.*

Les talens & les vertus ſont modifiés par les circonſtances & les perſonnes, mais le fond eſt le même; il n'y a, pour ainſi dire, que la ſurface, les nuances & les couleurs de différent.

Camma s'empoiſonne à l'autel pour empoiſonner l'aſſaſſin de ſon mari, & ſe tournant vers lui; je n'ai vécu, dit-elle, que pour venger mon époux; il l'eſt. Toi, maintenant, au lieu d'un lit nuptial, ordonne qu'on te prépare un tombeau.

Le même Historien loue les femmes d'une isle de l'Archipel, *où en sept cens ans, dit-il, on ne peut citer un exemple, ni d'une foiblesse dans une jeune personne, ni d'adultère dans une femme.*

Le trait qu'il cite des Milesiennes est trop beau pour ne pas en faire mention. *Comme elles se donnoient la mort en foule, on fit une loi qui condamnoit la première qui se tueroit à être portée nue & exposée dans la Place publique ; les jeunes filles bravoient la mort ; aucune d'elles n'osa braver la honte après la mort même, & les suicides cessèrent.*

Un Roi qni croyoit que l'or étoit la seule richesse, épuisoit ses habitans au travail des mines. Tout périssoit ; ses peuples ont recours à la Reine. Cette Princesse fait faire en secret, par des orfévres, des pains, des viandes & des fruits avec de l'or ; après, les fait servir au Prince aux heures du repas. Cette vue le réjouit d'abord ; bientôt il sent la faim & demande à manger : *Nous n'avons que de l'or, dit la Reine, on vous ſert ce que vous aimez & la ſeule choſe qui nous reſte ; le Roi l'entendit & ſe corrigea.*

Les femmes avoient tant de pouvoir ſur l'eſprit des hommes, ſur-tout les courtiſanes, du temps de Démoſthène, qu'on diſoit de lui, *ce qu'il a médité pendant un an, une femme le renverſe en un jour.*

Peut-on voir rien de plus extraordinaire que ce qui ſort de la bouche de la femme *à Petus.* J'entends ces mots ſublimes qu'elle adreſſe à ſon époux, en lui préſentant le poignard dont elle s'eſt frappée ; *Petus, non dolet : tiens, Petus, il ne m'a point fait de mal.*

Julie, femme de Pompée, mourut de frayeur pour avoir vu une robe de ſon mari teinte de ſang.

Une jeune Romaine dans la priſon nourrit ſa mère de ſon lait.

On ſçait que la fille de Saint Simon en agit de la même façon envers ſon père qui ſe trouvoit dans la même poſition.

Les trois aſſaſſins du ſecond Triumvirat ayant voulu mettre une taxe ſur les femmes, *la fille du célèbre Hortensius se présenta seule ; elle fit revivre les talens de son père, défendit avec intrépidité la cause des femmes & la sienne ; les tyrans rougirent & révoquèrent leurs ordres.*

Hortensia fut reconduite en triomphe, & une femme eut la gloire d'avoir donné dans le même jour *un exemple de vertu aux hommes, un modèle d'éloquence aux femmes, & une leçon d'humanité aux tyrans.*

Il y eut un temps qui offrit quelques changemens daus les mœurs.

Dans tous les pays, lorsque le prix des talens augmente, l'amour des vertus diminue.

La fureur des spectacles mit à la mode une licence profonde & vile. Les femmes se disputèrent à prix d'or un histrion : elles attachèrent leur cœur & leurs yeux avides, dit encore Mr. Thomas, sur un théâtre, pour dévorer les mouvemens d'une pantomime. Un joueur de flute engloutit des patrimoines & donna des héritiers aux descendants des Scipion & des Emile. La débauche redouta la fécondité ; on apprit à tromper la nature.

L'art affreux des avortemens se perfectionna ; les passions, tous les jours renaissantes, purent s'assouvir tous les jours ; les femmes, lasses de tout, dégoûtées de tout, multiplièrent dans Rome les monstres de l'Asie, & firent mutiler leurs esclaves pour satisfaire les nouveaux caprices d'une imagination usée par les plaisirs même.

Au temps de la naissance de l'Empire il y eut plusieurs Eloges de femmes prononcés sur la Tribune romaine ; l'éloge de Junie, sœur de Brutus & femme de Cassius ; l'éloge de l'Impératrice Livie, mère de Tibère ; celui d'Octavie, sœur d'Auguste, femme d'Antoine & rivale si vertueuse & si tendre, de Cléopatre par son frère Auguste, & celui de Pompée par Neron.

Dans la conspiration contre Cesar, *Porcie* se montra digne d'être associée au secret de l'état. Après la bataille de Philipes, elle ne put survivre ni à la liberté, ni à Brutus, & mourut avec l'intrépidité féroce de Caton.

Son exemple fut suivi par celui de *Pauline*, qui, voyant son époux chancelant & qui héſitoit à mourir, pour l'encourager, *ſe perça le ſein & lui remit le poignard.* Par celui de ſa fille, épouſe de Thraſeas, & cette dernière épouſe d'Helvidius Priſcus, dignes toutes deux, d'avoir pour maris deux grands hommes.

Cet exemple fut ſuivi par celui de *Pauline*, femme de Seneque, qui ſe fit ouvrir les veines avec lui, & forcée à vivre pendant le peu d'années qu'elle ſurvecut, porta ſur ſon viſage, dit Tacite, l'honorable paleur qui atteſtoit qu'une partie de ſon ſang avoit coulé avec celui de ſon époux.

Dans un autre genre, *Agripinne*, femme de Germanicus, altière & ſenſible, qui, jeune encore, s'enſevelit dans la retraite, & ſans laiſſer jamais ni fléchir ſa hauteur ſous Tibère, ni corrompre ſes mœurs par ſon ſiècle, auſſi implacable envers ſon tyran que fidelle à ſon époux, paſſa ſa vie à pleurer l'un & à déteſter l'autre.

On trouve encore *Eponinne*, ſi célèbre, que Veſpaſien auroit dû admirer, & qu'il fit ſi lâchement mourir.

Presque toutes ces femmes, exposées à la haine des tyrans, n'obtinrent point l'honneur des éloges publics; mais ce qui vaut mieux, elles furent louées par Tacite. *Deux lignes de ce dernier sont fort au-dessus de tous les panégyriques d'usage.*

Nous sommes au temps que parut & commença le christianisme. Une chose à observer, continue toujours Mr. Thomas, c'est qu'à peu près dans le même temps il s'éleva une religion & un peuple qui établirent & consacrèrent pour toujours, dans l'Orient, l'esclavage domestique des femmes. *Ainsi la même époque qui commença leur empire en Europe, les destina à être pour jamais esclaves en Asie. Leur servitude s'étendit par les armes des Conquerans arabes, comme la galanterie du nord s'étoit étendue par les conquêtes des barbares.*

En Europe des femmes attaquèrent & défendirent des places; des Princesses commandèrent leurs armées & remportèrent des victoires. Telle fut la célèbre Jeanne de Montfort, disputant son Duché de Bretagne, & commandant elle-même.

Telle fut encore cette Marguerite d'Anjou, Reine d'Angleterre & femme d'Henri VI, active & intrépide, général & soldat, dont le génie soutint long-temps un mari foible, qui le fit vaincre, le replaça sur le trône, brisa deux fois ses fers, & opprimée par la fortune ainsi que par les rebelles, ne céda qu'après avoir livré en personne douze batailles.

Dans l'isle de Chypre, de très-belles femmes étant menées prisonnières à Selim pour être enfermées au serrail, l'une d'elles préférant la mort, conçut le projet de mettre le feu aux poudres, & après l'avoir communiqué aux autres, l'exécuta.

L'année suivante une ville de Chypre étant assiégée par les Turcs, les femmes coururent en foule se mêler aux soldats, & combattant sur la brèche, contribuèrent à sauver leur patrie.

Sous Mahomet II, une fille de l'isle de Lemnos, armée du bouclier & de l'épée de son père, qui étoit mort en combattant, arrêta les Turcs qui déjà forçoient une porte, & les chassa jusques sur le rivage.

En

En Hongrie les femmes se signalèrent dans un grand nombre de siéges & de batailles contre les Turcs.

On cite une femme de Transilvanie, qui, dans différens combats, avoit tué de sa main dix Janissaires.

Enfin, dans les deux siéges célèbres & de Rhodes & de Malthe, les femmes, secondant par-tout le zèle des Chevaliers, montrèrent par-tout la plus grande force, non-seulement cette force d'impétuosité & d'un moment qui affronte la mort, mais ce courage lent & pénible qui supporte les travaux & les fatigues de tous les instans.

Dès le onzième siècle on avoit vu la fille d'un gentilhomme boulonnois se livrer à l'étude de la langue latine & des loix : à vingt-trois ans elle avoit prononcé, dans la grande église de Bologne, une oraison funèbre en latin, & l'Orateur, pour être admiré, n'eut besoin ni de sa jeunesse, ni des charmes de son sexe.

A vingt-six ans elle prit les dégrés de Docteur & se mit à lire publiquement chez elle les Inſtituts de Juſtinien ; à trente, ſa grande réputation lui fit donner une chaire où elle enſeigna le droit avec un prodigieux concours de toutes les nations.

Elle joignoit les agrémens d'une femme à toutes les connoiſſances d'un homme, & avoit le mérite, en parlant, de faire oublier juſqu'à ſa beauté.

Au quatorzième ſiècle le même exemple ſe renouvella dans la même ville.

Au quinzième, même prodige.

Aujourd'hui encore, dans cette ville de Bologne, il y a une chaire de Phyſique remplie avec diſtinction par une femme.

A Veniſe on diſtingue dans le cours du ſeizième ſiècle, deux femmes célèbres.

L'une s'appelloit Modeſta di Pozzo Dizorzi ; l'autre Caſſandre Fidele, qui ſe diſtinguèrent par des ouvrages de différens genres, leſquelles furent au nombre des femmes les plus ſavantes d'Italie.

A Milan, on trouve une demoiſelle, de l'illuſtre maiſon de Trivulce, qui, jeune encore, prononça dans l'ancienne langue des

Romains, un grand nombre de discours éloquens devant des Papes & des Princes.

On vit dans le quinzième siècle, à Verone, une *Isola* Nogarola, qui se fit également la plus grande réputation par son éloquence; tous les Souverains étoient curieux de l'entendre, & les hommes célèbres de la voir.

A Florence, une Religieuse de la maison de Strozzi, (qui charmoit l'ennui & l'oisiveté du cloître par le goût des lettres & de la solitude) fut connue en Italie, en Allemagne & en France.

A Naples, on a vu une Sarrochia qui composa un poëme fameux sur Scanderberg, & fut de son vivant comparée au Boyand & au Tasse.

A Rome, la Marquise Colonne de Pescaire aima passionnément les lettres & y réussit. Elle pleura très-jeune encore un époux, qui étoit un grand homme de guerre, laquelle passa le reste de sa vie entre l'étude & la douleur, célébrant, par les poësies les plus tendres, le héros qu'elle avoit aimé. Essai sur le caractère des femmes, pag. 85.

Si les Femmes ſont capables de gouverner.

Je ſçais, dit encore Mr. Thomas, qu'il y a des femmes qui ont règné & qui règnent encore avec éclat.

Chriſtine en Suéde, Iſabelle de Caſtille en Eſpagne, Eliſabeth en Angleterre, ont mérité l'eſtime de leur ſiècle & de la poſtérité.

Nous avons vu dans la guerre de 1741, une princeſſe que nous admirions en la combattant, défendre l'Empire avec autant de génie que de courage ; & nous voyons encore aujourd'hui l'Empire Ottoman ébranlé par une femme.

DE L'AMOUR MATERNEL.

C'EST dans l'ame brûlante & passionnée des Mères qu'on le trouve.

Ce sont elles qui, par un mouvement aussi prompt qu'involontaire, s'élancent dans les flots pour en arracher leur enfant qui vient d'y tomber par imprudence.

Ce sont elles qui se jettent à travers les flammes pour enlever, du milieu d'un incendie, leur fruit qui dort dans son berceau. C'est à-peu-près de cette façon qu'une dame françoise a péri dans le dernier tremblement de Messine, en allant sauver sa progéniture. Lorsque tous les habitans fuyoient le bouleversement des maisons, cette dame se rappellant qu'elle avoit laissé son fils dans la sienne, revint sur ses pas pour l'arracher du danger; mais cette mere éplorée, qui n'écoute que son cœur, ne voyant pas l'écueil qui la menaçoit, fut ensevelie, elle & son enfant, dans les ruines.

Ce sont elles qui, pâles, échevelées, embraſſent avec tranſport le cadavre de leur fils mort dans leurs bras; qui collent leurs lèvres ſur celles de cet enfant qu'elles doivent trouver glacées. Ce ſont elles qui tâchent de réchauffer, par leurs larmes, ſes cendres inſenſibles.

Ces grandes expreſſions, ces traits déchirans qui nous font palpiter à la fois d'admiration, de terreur & de tendreſſe, n'ont jamais appartenu & n'appartiendront jamais qu'aux femmes.

Elles ont, dans ces momens, je ne ſçai quoi qui les élève au-deſſus de tout, qui ſemble nous découvrir de nouvelles ames & reculer les bornes connues de la nature.

CONNOISSANCES

Qu'on devroit acquérir avant de parler du phyſique ainſi que du moral de l'Homme & de la Femme.

JE ſerois d'avis que, toutes les fois qu'on auroit à écrire ſur l'eſprit & le caractère des hommes ou des femmes, on donnât la deſcription des fibres nerveuſes du cerveau de chaque ſexe, pour qu'on vît la différence du tiſſu des unes avec celui des autres, autrement on ne pourra jamais bien comprendre d'où proviennent toutes les variétés & les ſingularités qu'on obſerve dans leurs actions; les prodiges qu'on remarque dans les uns & les autres ſont preſque toujours différents & préſentent des tableaux d'un caractère tout particulier, tant dans le moral que dans le phyſique.

Il eſt vrai que la peinture qu'on en donne dans l'état de mort, ne fait jamais bien connoître ce que cette admirable organiſation eſt dans celui de vie, & ce dont elle eſt capable quand elle eſt vivifiée par le ſouffle de la divinité, qui l'échauffe & l'anime; mais quand ce ne feroit que pour connoître le plus ou le moins de ſenſibilité qu'on peut entrevoir à-peu-près dans cette deſcription, cela aide toujours à faire comprendre les variétés infinies qu'on obſerve dans leurs actions, autrement les notions qu'on en prend ſont toujours imparfaites, & n'offrent à l'imagination que des idées confuses & des images qu'on se forme au hasard.

Je conseillerois également à ceux qui veulent écrire sur ces deux mêmes sujets, de ne jamais prendre la plume qu'après avoir acquis les connoissances de la nevrologie, c'est-à-dire la connoissance des nerfs, leurs propriétés, les fonctions qu'ils exercent sur l'esprit & le corps, au moins celles du cerveau ; parce que tout ce qu'ils doivent dire, tant du moral comme presque du physique, dépend de cela.

Sans cette précaution, on vogue à travers un champ d'imaginations & dans un espace bâti sur les brouillards de la Loire, ainsi que nous le voyons tous les jours de la part de quelques Ecrivains, qui parlent de l'esprit sans en connoître l'organisation & le mécanisme ; qui parlent du cœur sans sçavoir ce qu'il est ni en quoi il consiste ; ils parlent de la nature sans la mieux connoître, ou l'appliquent à tout, comme une selle à tout cheval ; on la définit très-mal, parce que peu de gens savent la sentir.

CAPACITÉ

Des Femmes dans les ſciences ou dans les arts, & leur incapacité.

JE vais hazarder mon ſentiment ſur la capacité des femmes dans quelques ſciences, & leur incapacité dans d'autres.

D'après l'organiſation du cerveau & de toute la compoſition phyſique des femmes, jointes aux exemples qu'elles nous ont fourni de tous les temps, & qu'elles nous offrent encore par intervalles, il faut convenir qu'elles ſont capables des ſciences & des arts les plus pénibles & les plus difficiles.

D'après même les modèles que nous venons de citer, nous voyons qu'elles ſont également en état de poſſéder les ſciences les plus profondes, *comme la fille du Gentilhomme Bolonois Modeſta di Pozzo. La demoiſelle de Trivulce; Iſola Nogarella; la Religieuſe de Strozzi, Sarrochia, la Marquiſe de Peſcaire; en France,*

Mesdames d'Acier, Deshoulieres, du Bocage, Scuderi, &c.

Mais comme ce sont des exemples particuliers & rares, nous croyons que les femmes en général sont plus capables dans les arts d'imagination qu'aux sciences de méditation, par la raison que les arts, comme la poësie, la peinture, la musique, le dessein, l'horlogerie & tous ceux de ce genre qui, à mon avis demandent plus de génie que d'esprit, plus d'imagination que de réflexion & de profonde méditation, telles sont les sciences des trois facultés ; comme les mathématiques, l'algebre, le calcul, ainsi de toutes celles qui exigent une sérieuse application.

Les raisons qui nous déterminent à ce sentiment sont appuyées, 1°. sur le tissu des nerfs qui composent les fibres nerveuses de leur cerveau, & celui de tout le corps.

Nous trouvons par l'anatomie que les nerfs & tous les organes physiques des femmes sont beaucoup plus fins que ceux des hommes ; 2°. on sait également que le tact des femmes est très-sensible & extrêmement délicat.

L'expérience qu'on a de leur vive pénétration, de leur génie, de leur ſenſibilité exquiſe, & de leur extrême délicateſſe dans tout ce qui vient de l'ame & du corps, prouve ce que nous oſons avancer.

A toutes ces raiſons, qu'on joigne les productions de leur génie, & juſques à quel degré elles ont porté leurs paſſions dans le bien comme dans le mal; on verra ſi toutes ces preuves réunies enſemble ne démontrent pas qu'elles ſont capables de tous les travaux de génie.

Mais puiſque dans les hautes ſciences les médecins conviennent qu'il faut des fibres moins fines, moins ſenſibles & moins délicates, comme celles des hommes, pour pouvoir réſiſter aux ſérieuſes applications, & aux méditations profondes que demandent ces ſciences abſtraites, nous concluons que les femmes en général ne ſont pas propres pour ce genre de travail, & que s'il y en a eu quelques-unes qui y ont réuſſi, ce ſont des phénomènes & des cas particuliers qui font exception à la règle, outre qu'il y en a cent mille autres qui y ont échoué.

En ſuppoſant qu'avec des efforts faits ſur elles-mêmes (autant pour contenir & captiver la vivacité de leur génie, que pour le forcer à la profonde méditation qu'il faudroit dans ces ſciences, & pour leſquelles nous venons d'avancer qu'elles ne ſont pas capables), elles en vinſſent à bout, leur ſanté n'en ſeroit pas moins bientôt altérée, parce que cette grande méditation gênant le paſſage du ſang dans le cerveau, & donnant lieu à des reſſerremens ſpaſtiques dans tout le genre nerveux, la grande application du moral ſur le phyſique, érétiſeroit tellement les fibres du foyer, qu'il en réſulteroit dans la ſuite un érétiſme général, lequel occaſionnant des ſtagnations dans les extrémités capillaires des viſcères, dérangeroient bientôt la circulation; delà des obſtructions, &c.

D'ailleurs, quand les femmes font quelque choſe avec goût, elles paſſent bientôt à la paſſion; la preuve de cela, c'eſt celle qu'elles contractent, étant jeunes, comme pour le charbon, le plâtre, la cendre, & celles encore qu'elles ont, étant enceintes, &c. outre celles qui leur ſont ordinaires, hors de ces deux états-là.

Par conſéquent, ces genres d'étude leur ſeroient contraires, autant pour toutes ces raiſons, comme pour un grand nombre d'autres qu'il ſeroit trop long de détailler.

Nous concluons donc d'après tous ces raiſonnemens, qu'elles doivent être propres aux travaux de génie, à meſure qu'elles ont l'imagination vive, pénétrante & capable d'inventer, tels que ceux dont nous avons parlé ci-deſſus, parce que ce genre de travail en général ne captive pas tant l'eſprit; il laiſſe prendre l'eſſor à l'imagination, & le laiſſe développer en toute liberté, ſans le contraindre par une ſérieuſe application, & ſans le gêner par une profonde méditation.

Pour ce qui eſt de l'art militaire & de l'héroïſme, malgré les exemples qu'il y a eus dans Marguerite d'Anjou, Jeanne de Montfort, la Pucelle d'Orléans; de nos jours, Me Déon, qui a servi pendant quelque temps sous l'habit d'homme, sans être reconnue que bien des années après; Cirene, reine des Amazones, ou ces dernieres elles-mêmes, & tant d'autres.

Les femmes de l'île de Chipre; la fille de l'île de Lemnos sous Mahomet II. Enfin les femmes célèbres de l'île de Rhodes & de Malthe dont il a été parlé ci-devant; malgré, dis-je, tous ces exemples, nous ne sommes pas d'avis que les femmes dussent être employées à cet art, & qu'elles soient propres à l'héroïsme.

La raison de cela est que, comme nous avons dit, la composition des organes de leur esprit & de leur corps, est si sensible, si fine & si délicate, qu'elle se refuse à tout ce qui est de cet art.

Elles sont trop sensibles pour voir de sang-froid répandre le sang, & résister au meurtre ou au massacre de tant d'hommes; à plus forte raison sont-elles incapables de le faire elles-mêmes.

Elles ont leur corps trop fin & délicat pour foutenir les veilles, les fatigues, les mouvemens, les actions violentes ou forcées, & réfifter aux coups qu'il faut porter, ou à ceux qu'on eft expofé à recevoir, outre qu'elles n'ont pas les forces convenables à ce fujet.

D'ailleurs, ce fexe qu'un rien effraye, eft trop timide pour furmonter dans lui-même tant de répugnance, & vaincre tant d'obftacles qui s'y oppofent.

De plus, tant de graces enchantereffes, & tant de divins appas ne font pas faits pour être flétris ni maffacrés par des fers homicides & par des feux meurtriers.

Un fein fi beau, qui a tant de charmes & d'attraits, qui eft le féjour de la douce volupté, n'eft pas fait pour être déchiré par les cruautés de Mars.

Ce cœur tendre & fenfible qui n'eft fait que pour les flèches de l'amour, les impreffions de la tendreffe, & que pour les faire fentir, ne doit pas être expofé à recevoir les traits féroces & barbares de Bellône, encore moins à les porter aux autres.

Ces entrailles, ce ſanctuaire de l'amour ; ce temple de la félicité qui eſt conſacré à la reproduction de l'eſpèce, & qui a porté dans ſon ſein le miracle de la divinité, ne ſont pas faits pour être maſſacrés par ceux à qui elles ont donné le jour, par des cœurs qu'elles ont formés, & par des bras qu'elles ont peut-être arroſés de leur propre ſang.

DU

DU STOICISME

Chez les Femmes, & jusqu'à quel dégré elles portent les passions.

L'HISTOIRE nous fournit des exemples aussi admirables qu'étonnans, qui, prouvant que les femmes sont capables de fermeté dans certaines occasions, l'ont emporté quelquefois sur les hommes, tant dans le bien que dans le mal; c'est-à-dire, en haine, en sagesse, en jalousie, en vengeance, &c.

En vengeance. Camma s'empoisonne pour avoir occasion d'empoisonner également l'assassin de son mari, ainsi qu'il a été dit ci-devant.

En courage. La femme *de Petus* se donna la mort; après, elle présente le poignard à son mari, en lui disant qu'elle n'avoit point senti de mal, pour l'encourager à faire la même chose. *Petus non dolet.*

En amour conjugal. Julie, femme de Pompée,

meurt en voyant la robe de son mari teinte du propre sang de ce héros.

En amour filial. Une jeune romaine nourrit sa mere de son lait, dans les prisons.

La fille de Saint Simon fait la même chose envers son père.

Porcie meurt pour ne pas survivre à Brutus son mari, en avalant des charbons ardens.

Arrie fait comme la femme de Petus, laquelle voyant son mari chanceler & hésiter de se donner la mort, se perce le sein & présente le poignard à son mari pour l'encourager à suivre son exemple.

Medée tue ses deux enfants pour se venger des infidélités de son mari Jason.

Artemise s'empoisonne pour ne pas survivre à son mari Mausole; ainsi de tant d'autres qui se sont signalées par des actes extraordinaires.

RÉFLEXION.

MALGRÉ toutes ces époques & tous ces exemples, dans lesquels il y a eu souvent beaucoup de vanité & d'ostentation; les femmes en général n'ont pas cette constance & cette fermeté, ni toutes les autres passions portées jusqu'à ce dégré.

Ce n'est que dans un temps d'enthousiasme, de fanatisme, de ferveur, ou de crise, que quelques esprits se font connoître & donnent l'essor à leur imagination, à proportion qu'elles ont plus ou moins d'intérêt ou de sujet de s'émouvoir jusqu'à la passion.

C'est alors que l'esprit, monté au-delà de son ton naturel, fait ce qu'il ne feroit pas dans un autre temps, sur-tout ceux ou celles qui y ont naturellemeet plus de disposition, ou des motifs plus graves & plus essentiels, soit du côté de l'amour, de l'honneur ou de la gloire.

LA CONTRAINTE

Eſt-elle le moyen le plus aſſuré pour mettre l'honneur des Femmes à couvert de toute atteinte? ou s'il vaut mieux leur laiſſer une entière liberté.

On ſait que dans preſque toute l'Aſie les femmes ſont renfermées pour le plaiſir d'un ſeul, & qu'on ſacrifie leurs goûts, leurs beſoins les plus eſſentiels, même à la ſanté, ainſi que leur propre liberté, pour la ſatisfaction de celui en faveur de qui tout ſemble avoir été fait dans le monde.

Ce n'eſt pas aſſez de vendre ce beau ſang à prix d'argent, en humiliant ainſi la dignité de leur être & de leur ſexe, en gênant leur amour propre, leurs volontés, & tous les ſentimens de la nature, mais encore on les condamne à paſſer leur vie dans quatre murs pour aſſouvir, non pas leur goût, parce qu'il doit être émouſſé par trop de jouiſſances ou par les trop grandes occasions qu'ils ont de les multiplier, mais pour satisfaire leurs fantaisies, leurs caprices & leurs bizarreries.

Ce n'est pas assez, disons-nous, de les avilir jusqu'à ce point ; mais encore il faut qu'elles fassent des violences & des efforts sur leur cœur, pour qu'elles montrent avoir de l'inclination, souvent pour un homme qui leur est indifférent, & quelquefois qu'elles abhorrent.

Ce n'est pas tout; ils portent la tyrannie envers ce beau sèxe jusqu'à lui interdire la liberté, qui est si naturelle à l'espèce humaine ; & pour comble de barbarie, c'est qu'on humilie ces belles créatures jusqu'à les faire garder par des êtres encore plus malheureux, qu'un art bien plus barbare a mutilés d'une telle façon, qu'ils ne peuvent plus se montrer aux yeux des autres que pour de vrais monstres, par la raison qu'ils rassemblent sur eux, tout ce que l'artifice & la férocité ont pu réunir de plus horrible, pour tranquilliser leur esprit sur le compte de celles qui en sont l'objet.

Il y a apparence que dans les pays où toutes ces cruautés sont en usage, les hommes sont plus jaloux du physique de l'amour que du moral, puisqu'ils ne cherchent à s'assurer que du premier, & qu'ils s'éloignent tant des moyens qu'il y auroit à prendre pour s'attirer le second, en tenant ces beautés dans la gêne & dans la contrainte.

C'est ainsi que les hommes ont abusé plus ou moins dans tous les temps, des droits qu'ils se sont arrogés envers cette belle moitié de l'espèce humaine, & qu'ils ont exercé sur elle une tyrannie révoltante.

S'ils faisoient attention au mal qu'ils leur font, à celui qu'ils se font à eux-mêmes, & qu'ils pussent *bien* sentir qu'il n'y a de vrai plaisir & de mérite pour tranquilliser leur esprit, en amour, que lorsqu'on le partage avec l'objet qui le fait naître, & qui lui donne tout le prix qu'il peut avoir ; ils en agiroient bien différemment.

Quelle satisfaction peut-on avoir, quand on goûte un plaisir qui est insipide ou indifférent à la personne qui l'inspire, & qui quelquefois fait son supplice?

De tels sentiments ne peuvent naître que dans des êtres qui ne sont pas éclairés, dans des ames grossières, & dans des cœurs mal nés.

Il est vrai que les préjugés, la religion & les usages qui sont établis sur de faux principes, ont tellement subjugué les esprits, dans les pays où ils sont reçus, qu'il faudroit la révolution d'une tête forte, & d'un législateur bien éclairé pour les détruire : jusques alors, nous ne pouvons que former des vœux & des désirs ardents, pour que ces changements puissent avoir lieu en faveur des adorables objets qui en sont les tristes victimes.

Les expériences prouvent que les pays les plus chauds sont ceux où les esprits sont les plus bouillants & les passions les plus vives; par conséquent, comme la jalousie est forte dans les cœurs de cette qualité, il n'est donc pas étonnant qu'elle ait suggéré tant de bizarreries humiliantes contre celles qui en seroient le sujet, suivant la nature des climats, ſuivant l'eſprit du gouvernement & le génie de la nation ; c'eſt delà que ſont venus tous les vils inſtruments qui ont été inventés pour s'aſſurer des femmes.

On verra ci-après, & dans l'Hiſtoire, à combien d'artifices on a eu recours, pour ſatisfaire cette brutale fureur ; leſquels ont ſubſiſté plus ou moins, ſuivant les circonſtances & les révolutions.

C'eſt auſſi la raiſon pour laquelle on a vu tant de variétés dans les uſages de tous les pays, & que les femmes y ont éprouvé tant de viciſſitudes de la part des hommes.

En Eſpagne, les femmes y ſont encore dans un certain degré de gêne beaucoup plus modéré que dans la Turquie, ainſi que dans toute l'Italie; & plus on s'éloigne des climats chauds, moins les eſprits ſont ardens, les paſſions moins vives, & la jalouſie moins forte ; par la même raiſon, moins on eſt occupé des moyens bas & groſſiers auxquels ont recours les nations mentionnées ci-devant pour l'aſſouvir.

On verra également que parmi les nations

les plus grossières & les plus sauvages ; ce même goût qui a inspiré tant de bizarrerie & tant de fureur dans l'esprit de quelques autres peuples, y a dégénéré à un si haut dégré d'indifférence, qu'on y méprise ce qui dans les précédents a fait recourir à tant de folies & à tant d'égarements pour le satisfaire.

Ce goût augmente ou diminue à proportion qu'on s'approche ou qu'on s'éloigne plus ou moins des climats chauds ou froids ; nous voulons dire par-là que le goût est plus ou moins le même dans les hommes de tous les pays ; mais les climats chauds ou froids l'augmentent, le diminuent ou le modifient à proportion qu'on s'approche ou qu'on s'éloigne des chaleurs.

L'expérience prouve encore que, parmi les nations les plus éclairées, & dans les climats les plus tempérés, comme celui de Paris, les passions y étant plus douces en général, ne produisent pas de tels usages ; on y voit, qui plus est, le contraire.

Les esprits y étant éclairés, les goûts moins

bouillans & impétueux n'enfantent que des inclinations douces également, & conservent pour le beau sexe le dégré d'estime, de respect, d'amour, qu'il convient & qu'il mérite.

C'est d'après la connoissance qu'ils ont de leur capacité, de leurs talents, de leurs mœurs, de la bonne éducation qu'on donne aux uns & aux autres, que les dames y jouissent d'une liberté raisonnable, & d'un empire si agréable, qu'elles font naître l'envie, non d'être leur esclave, (ce qui seroit une extrémité opposée à notre but, & à ce que nous avons dit ci-devant; c'est-à-dire, à l'égalité qu'il doit toujours y avoir entre l'homme & la femme); mais de devenir leur moitié, & de partager leur cœur.

On est si enchanté par conséquent de leur discrétion, de cet aimable empire qu'elles exercent dans la société, envers les hommes leurs semblables, qu'elles font naître, nous le répétons, le desir de le partager avec elles.

Nous voulons dire par-là, que plus un cœur est dans la contrainte, plus il est dévoré d'envie *de secouer le joug qui le retient ; d'après cette maxime, quiconque est soupçonneux, invite à le trahir* ; & plus il est dans la liberté, moins il est porté à en abuser.

Il est vrai que la trop grande liberté a quelquefois des inconvénients, parce qu'elle favorise, ou fait naître souvent l'occasion de s'oublier.

L'expérience des siècles passés & celle de tous les jours en fournissent plus d'un exemple ; quand ce ne seroit que celui de *Lucrèce*, & de tant d'autres qui ont perdu dans un instant, tout le prix & le mérite de vingt & trente ans de résistance ou de sacrifices.

Le cœur humain est si foible & si incliné à ce doux penchant, qu'il faut des efforts étonnants & presque surnaturels pour résister aux violens combats qu'il nous suscite.

Les femmes en général ont l'ame sensible, & les nerfs si susceptibles de la plus légère impression, qu'il est difficile qu'elles puissent résister à une chose à laquelle on a tant de goût, qu'il faut regarder comme un miracle, lorsqu'elles triomphent des assauts qu'on leur livre à tous moments.

Les hommes en général, sur-tout les jeunes gens, font une si grande étude de toutes les ruses, les artifices & les souplesses possibles, (pour séduire ce beau sexe, ces cœurs tendres & sensibles,) qu'il faut moins regarder comme quelque chose de bien surprenant, quand il y en a eu une, qui ait succombé, que de ce qu'il a pu arriver qu'elles aient résisté une seule fois.

La meilleure façon, par conséquent, qu'il y ait d'éviter tous les inconvénients, tant de la trop grande gêne que de la trop grande liberté, c'est de se faire aimer réciproquement, de gagner l'esprit, & se rendre maître du cœur de la personne avec laquelle on est lié, par les meilleures manières possibles; ensuite c'est de n'être ni trop libre, ni trop gêné, dans quelle union que ce soit; par conséquent, il faut un milieu dans tout, parce que l'un & l'autre état ont trop *d'inconvénients*.

FIN.

www.ingramcontent.com/pod-product-compliance
Ingram Content Group UK Ltd.
Pitfield, Milton Keynes, MK11 3LW, UK
UKHW022121190726
13855UKWH00003B/995